北京胡同名胜百图

李明德　编著／拍摄

YSP
北京燕山出版社

北京胡同名胜百图

李明德编著

图书在版编目（CIP）数据

北京胡同名胜百图 / 李明德编著 . -- 北京 : 北京燕山出版社 , 2019.4

ISBN 978-7-5402-5380-6

Ⅰ . ①北… Ⅱ . ①李 … Ⅲ . ①胡同—名胜古迹—北京—图集 Ⅳ . ① K921-64

中国版本图书馆 CIP 数据核字（2019）第 076399 号

责任编辑：贾　勇　王　迪
责任校对：岳　欣
装帧设计：王　鹏
出版发行：北京燕山出版社有限公司
地　　址：北京市丰台区东铁营苇子坑路 138 号
邮政编码：100078
发行电话：（010）65243837
印　　刷：小森印刷（北京）有限公司
开　　本：710mm × 1000mm　1/16
印　　张：11
字　　数：60 千字
版　　次：2019 年 4 月第 1 版
印　　次：2019 年 9 月第 1 次印刷
书　　号：ISBN 978-7-5402-5380-6
定　　价：58.00 元

胡同巷景尽收眼底
保存旧貌功不可没

舒乙

序

北京有着三千多年的悠久历史，是一座驰名世界的文化名城。时至今日，一些主街和列入保护地区的胡同，还保留着元代的建筑风貌和规格，明、清两代的老院落还存留不少。我家几代居住北京，南锣鼓巷是我的出生地。这里的老宅院和民俗，给我童年留下的印象甚是深刻。因故土难离，几十年来，我对胡同中古迹和有特色的建筑都很是留恋，更愿意用相机抓拍下来。尤其是在八十年代初，我与志同道合的朋友对四合院、古建遗存、庙宇等进行留意，利用节假日查找资料、研究分析，并及时拍照，确实感到有些收获。

《北京胡同名胜百图》一书的完成，是近几年的一个心愿。每当我欣赏一张张早年拍摄的街景和古迹的照片，就会深有感触。觉得当时抢拍下来是太有意义了。记得在菜市口大街拓宽时，儒福里的过街楼这个明代古建可是京城中的一景。当时正好带着相机，就拍了下来，巧的是过街楼下正好有位骑车人经过，使古建筑显得很有活力。没过数日，这座过街楼被拆除，只有照片还可回味此景观。在东城区张自忠路有座清代的和敬公主府，院内古建很有特色。一次我到这里开会，休息时对古建和庭院进行观赏。在走进一个大院时我眼前一亮，竟有一组造型独特、贯穿东西南北主屋的十字廊，中间还建有亭台，是晚清的完整木结构建筑，既是庭院中的一景，又是这座公主府中主人休闲的生活写照。两天后，我与朋友赶到这里，大家都觉得此十字廊加中心亭台的整体造型和工艺很考究，真可谓是清代古建筑的奇葩，我对此景观的整体及部分结构进行了拍照。时隔数年后，我再次来到此府，发现这座大院里空空的，再也见不到这组古建了。和这里工作的同志一聊，才得知两年前就给拆除了。

近些年，在市、区文物部门的关注下，位于西四砖塔胡同东口，始建于元代的万松老人塔，已经得到了全面修缮。腾退了长期占用塔院的小商铺，清除了遮挡古塔的杂物和违建，塔的全貌得以呈现。还有位于二环路西南角的元代道观吕祖阁，不仅得到保护，还得到全面的整旧修缮，使其成为文保单位。我与朋友在近期的追访、补拍中，发现万松老人塔院内的房屋，已成为公共阅览室，人们傍着古塔享受着读书的快乐。此情此景使我们这些老北京人甚为感动。此书中安排的珍贵照片较多，有历史上的名园与名人故居、古老的寺庙与高塔等，并附有文字介绍。这对喜欢旅游、想了解北京风貌和古迹的广大读者，应该会有所帮助。

在成书过程中，得到了文物和摄影界同仁的热诚帮助，这里要感谢北京市文物局于平女士对本书的关心和支持帮助。以及摄影界朋友马跃增、陈连生、刘金成、张广太、刘松年、李海川诸位对照片选题、拍摄中给予的协助。中央文史馆舒乙先生在百忙中抽暇为本书题词，谨在这里深致谢意！

李明德

目录

胡同、街、桥

故居、博物馆

牌坊、碑刻与影壁

庙与观

老府第

教　堂

古迹景观

老字号

胡同 街 桥

地安门古桥

地安门古桥

此石桥始建于元代，名为万宁桥，俗称后门桥。位于鼓楼大街南，西临十刹海，东边是玉河。桥洞下有石刻“北京”二字。两边河岸上各有巨大镇水石兽一对，雕工精美。

古老的烟袋斜街一景

烟袋斜街

在鼓楼前路西，有一条北京最老的斜街，名叫烟袋斜街。此街始建于明朝初年，街的走向和地形很奇特，自清代至民国，斜街上有多家店铺专营烟袋，门前还挂起巨型的烟袋做幌子，黑色的烟袋杆，黄铜的烟袋锅儿，还系着红布条。喜欢抽烟的人们，经常来此选购烟袋，故此得名。

烟袋斜街的牌楼 (2006 年冬)

国子监街

这条老街在明、清两代称为成贤街。在长达600余米的街道上巍然耸立着四座木牌楼。路北是始建于元代的孔庙和国子监，近年经过全面修缮，已经对外开放，吸引了众多中外旅游者。

国子监牌楼

大栅栏

大栅栏老街

老街位于前门大街路西，东起前门大街，西至南新华街，全长300余米。此街至今已有500余年历史。街上名店铺很多，如：瑞蚨祥绸布店、张一元茶楼、内联升鞋店、大观楼影院，是一条京味十足的步行街。

前门大街新貌

近年，前门大街进行了扩建，东西的店铺经过重建，已经面貌一新。恢复了原有的五牌楼，也恢复了老有轨电车的行驶，展现了新的景观。原来的老店铺大北照相馆、谦祥益绸布店，一些京华老店铺，如：全聚德烤鸭店、都一处烧麦店等众多京味商铺，重新来这里营业，前门大街又迎来了中外旅游者和京城的老顾客。

前门大街

琉璃厂街景

西琉璃厂老街

位于和平门外的琉璃厂文化古街，分为东、西街。因明代在此开过琉璃窖而得此街名。老街上有闻名中外的西琉璃厂老街的荣宝斋画店，书画名家作品均在店内展售。西街上还有创建于 1904 年的老店庆云楼，经营金石拓片和文房四宝。著名的中国书店位于街口路北，这里能见到古籍珍版及各类古旧书刊。还有不少经营碑帖、古玩等特色的商店，琉璃厂文化老街是中外旅游者观光之地。

春雨过后的琉璃厂商铺

煤市街商铺（之一）

煤市街商铺

此街位于大栅栏西口，是南北走向的老街。这一带是居民区，又处在商业街附近。自清末至民国，煤市街东西两侧也繁荣起来，经营各类物品的以及手工艺人的店铺和建筑都很有特色，如在街口建的二层木楼，楼下经营店铺，楼上是作坊，又可以加工些金属小工艺品，很受广大顾客欢迎。九十年代此老街扩展，图片中所拍摄的店铺均被拆毁，近年又新建店铺，已很难再见老街之原貌了。

煤市街商铺（之二）

鲜鱼口老店铺

鲜鱼口老街位于前门大街路东，是一条长300余米的商业街，始建于清代。街呈东西走向，是早年间人们来前门必到之处。这里的老店铺建筑多为木结构，工艺考究，门面也有特色。此街上有老戏园、浴池、旅社，京城老字号便宜坊烤鸭店，其焖炉烤鸭独有特色，味道鲜美。还有炒肝店、糕点店，都是顾客光顾之地，除了来此吃饭，还要将老店的风味食品买回家。近年此老街经过拆迁，又进行重建，原貌已消失，这里拍摄的八十年代老店铺建筑照片，殊为珍贵。

鲜鱼口老店铺（之一）

鲜鱼口老店铺（之二）

门框胡同一景

门框胡同

这是大栅栏街里路北的一个小胡同，北口还保留着青条石所砌的门框，因巷子内卖北京小吃的店铺很多。著名的冯记爆肚以及年糕王、豆汁、豆腐脑、茶汤等京味小吃吸引了众多游客，百姓们称这里为门框胡同。

钱市胡同（之一）

钱市胡同（之二）

钱市胡同
（京城最窄的胡同）

此小胡同位于前门外珠宝市街路西，称为钱市胡同。总长 50 余米，宽度仅 70 厘米，仅限一个人行走，胡同内还有几家钱庄，因此得名。今天这里还存在原店铺的三层小楼，还有几家居民住在这里。

建国门内老宅院

此宅位于建国门内北总布胡同 2 号。大门三间，为重檐牌楼门，是京城仅有的独特门楼建筑。院中建有中西合璧式的大房子，并有亭台，院内还散落着石狮和佛像等，花草树木繁盛。1918 年美国钢铁大王基金会董事长及其家人住此院，1946 年这里成为军调部国民党代表驻地。解放后为某单位宿舍。

建国门内北总布胡同里路南造型独特的大宅门

广宁伯街老宅院

广宁伯街是西城区的明代老胡同。此座四合院在路北位置，门楼及院内的垂花门均为明末建筑，是座二进院落。人们传说这里即是明代广宁伯这位官员的宅第。该古建于九十年代拆毁，如今此处是金融街。

广宁伯街老宅院

广宁伯街老宅院的夏天（马跃增 摄）

胡同游车队

在北京的东、西城区，北城的什刹海地区，南锣鼓巷地区，以及南城的前门地区，处处都可以看到印有“你好北京”字样的三轮车。中外游客可以乘坐胡同游的人力车，在导游的带领下，乘车观赏老胡同的四合院建筑，欣赏不同特点的老门楼及门墩儿，参观名人故居，更仔细地了解民俗和名胜古迹。

少年儿童胡同游（曾贻莹 摄）

小玲珑（此石来自宋代皇家园林，是太湖石之佳品）

小玲珑

这是一块高 3 米的奇石。它具备太湖石秀、瘦、皱、透、漏的五大特色，位于东城区府学胡同路南的明代老宅院中。该石上刻有“小玲珑”三个字，是宋代书法名家米芾所书。原在北宋的开封，明代移至此宅。

银锭观山

“银锭观山”是燕京八景之一。这座银锭桥位于烟袋斜街西口，与什刹海景区相连。每当夕阳时分，人们站在此桥上远眺西山，美景尽收眼底。

燕京八景之一《银锭观山》的银锭桥

中西合璧老宅门

这座宅院位于东四六条胡同路南。其门楼建筑独具特色，门额上的砖雕造型和图案是西洋式的，浮雕精美。门楼古老而庄重大方，是百年以上的建筑，是四合院门楼中西合璧样式的珍品。

中西合璧老宅门（李明智 摄）

经过修缮、油饰一新的垂花门

老宅垂花门

垂花门是四合院中的独特建筑，是进入主人所住的中院的第二道门。老年间，宅主人的女眷是不常出大门的，人们常说的“小姐大门不出二门不迈”中的“二门”即指此处垂花门而言。

如意门门楼

如意门门楼

此为东城区方条胡同路北造型壮观的如意门门楼。在众多胡同中，四合院门楼为数最多的是如意门门楼。其建筑独具特色，门楼为一大间。木门设在外檐柱间，门框两侧砌砖墙，门楣与两侧砖墙交接处砌成如意状的砖饰，人称如意门门楼。门楼砌工考究，门头栏板有整面的砖雕图案，尤其两边屋檐上的砖雕图案更有特色，很能展示宅主人的身份和意愿，如：马上封侯、富贵牡丹、博古图等图案。

藕芽胡同 7 号

藕芽胡同 7 号四合院

这座清代老四合院位于西城区护国寺街的藕芽胡同。其如意门门楼坐西朝东。此宅院有二百余年的历史，是清代道光年间纪姓官员的府邸。门额上面砖雕精美，多为“博古”图案，还有花卉和古代器物、瑞兽等。图案大方，雕工技艺高超。门楼对面的砖影壁保存完好，上有砖瓦和砖对缝的影壁心，四角配有精致的花卉砖雕。进入宅院，看到垂花门，这里的木雕梅花百余朵，均为透雕，乃是清代木雕艺术的珍品。

藕芽胡同 7 号院内垂花门木雕

故居博物馆

齐白石故居大门

齐白石博物馆

位于南锣鼓巷雨儿胡同13号，原是清代内务府总管大臣的府第。新中国成立后，著名国画家齐白石曾住在这里。近年此院落已成为博物馆，北屋已按画家生前绘画时的原貌设置，还有三个展室展示着画家的代表作品及画册。近年，该馆已对外开放。

齐白石博物馆院内一景

鲁迅故居一景（位于阜成门内）

鲁迅故居旧址

鲁迅故居院内(2006 年 秋)

鲁迅博物馆

该馆位于北京阜成门内宫门口二条 19 号。著名文学家鲁迅先生自 1924 年起即居住在这座四合院里，北屋是主人的居室及书房。屋前有两棵枣树，是先生亲手所植。

婉容故居

婉容故居

位于东城区南锣鼓巷主街西侧的帽儿胡同35、37号旧宅院，是清朝末代皇帝溥仪的皇后婉容的旧居。婉容被册封为皇后以后，其父升为内务府大臣并封为三等承恩公。此院的正房三间室内还保存着巨大的镜子，是清朝时从国外购进的，婉容在入宫前，每日在这里演习宫中的礼仪。

婉容故居老屋内景

文煜故居

文煜故居

东城区帽儿胡同11号，是清代大学士文煜的宅第。五进院落，屋宇高大，庭院宽敞。后为北洋政府时期冯国璋居所。新中国成立后此宅曾被改为朝鲜大使馆。

张自忠旧居

张自忠旧居

位于西城区府右街丙27号。张自忠（1891—1940），著名抗战将领。1940年在枣宜战役中不幸牺牲于宜城南瓜店的东山岗，时年50岁。此院为张自忠将军在1934年购得，在此居住。1948年张将军子女遵照父亲遗愿在这里开办“自忠小学”。1950年其女张廉云将房产与学校交给政府，并入北京小学。八十年代恢复“自忠小学”校名一直使用至今，校园内立有张自忠将军纪念碑。

沈家本故居

位于西城区广安门内金井胡同 1 号。沈家本（1840—1913），清光绪朝进士。历任刑部右侍郎、法部右侍郎等。是清末修订法制的主持人，对中国近代法制的发展起了重要作用。光绪二十六年（1900 年），沈家本来京，长期居住此院。

沈家本故居

梅兰芳故居

梅兰芳故居

在护国寺大街路北，有座幽静的四合院，这里是已故著名京剧表演艺术家梅兰芳的寓所。梅先生字畹华，江苏泰州人。他继承和发展了京剧旦角行当的表演艺术，名列“四大名旦”之首，在国内外享有盛誉。代表剧目有“贵妃醉酒”“霸王别姬”“穆桂英挂帅”等，拍摄电影有“梅兰芳的舞台艺术”。梅先生自1950年起至1961年逝世，在该院居住。自1986年10月27日起，故居定为“梅兰芳纪念馆”对外开放。

郭沫若故居

此宅院原是清代的花园。新中国成立后，这里曾是蒙古人民共和国驻华使馆。1963 年全国文联主席、中国科学院院长郭沫若同志来此居住，直至 1978 年去世，今已对外开放。院内北房是郭老生前的会客室及办公室和卧室，后罩房是郭老夫人于立群女士的书房。现在院西侧是藏室，专门陈列郭老的手稿和藏书。

郭沫若故居

宋庆龄故居

宋庆龄故居

这里原是清代大学士明珠府的西花园，现为中华人民共和国名誉主席宋庆龄故居。宋庆龄同志自 1963 年来此居住，院内建有前厅“濠梁乐趣”和后厅“畅襟斋”，这里设有“宋庆龄生平展览室”。

李大钊故居

李大钊故居北房

李大钊故居

位于西城区兴华胡同内路南。李大钊生于 1889 年，河北乐亭人。早年赴日本留学，曾任北京《晨报》总编辑。后在北京大学任教，创办《每周评论》《新青年》刊物，在“五四”运动中发挥了重要的领导作用。后受到军阀张作霖的迫害。

杨昌济故居

杨昌济故居

东城区豆腐池胡同路北的两进四合院，是杨昌济先生故居。1918 年他在北京大学任教，全家在此居住。当年大门挂有“板仓杨寓”的铜牌。杨先生住里院北房，女儿杨开慧住外院，南屋为会客室。1918 年 8 月毛泽东曾来此居住，并领导了赴法勤工俭学运动。还与杨开慧一起在院中种下了一棵枣树。

杜聿明故居

此宅位于东城区美术馆东街25号。杜聿明（1904—1981），生于陕西省米脂县，是黄埔军校第一期学生，他英勇善战，从少将师长一直做到陆军中将。曾参加长城古北口、昆仑关等重大战役。在淮海战役中被俘。经战犯管理所十年改造，杜聿明的思想发生了彻底改变，于1959年被特赦。后担任全国政协文史资料研究专员，还当选为五届人大代表和政协常委。他在此宅院住了十年。

杜聿明故居

史家胡同博物馆

该院坐落在东城区史家胡同24号，为两进四合院。曾是民国大作家凌叔华的旧居。此博物馆陈列的内容有：史家胡同历史、人艺摇篮、胡同名人、怀旧生活、胡同声音等。观看展览，不仅是追寻胡同的历史年轮，也是观览延续至今老北京文化的缩影。

史家胡同博物馆

程砚秋故居

京剧四大名旦之一程砚秋先生的故居在西四北三条胡同。他是“程”派唱腔的创始人，其代表剧目有《锁麟囊》《荒山泪》《英台抗婚》……其代表剧目五十年代即拍摄成舞台艺术片。此宅是个二进四合院，主屋还保存着艺术家生前的戏装和剧照等珍贵资料。

程砚秋故居（之一）

程砚秋故居（之二）

茅盾故居（之一）

茅盾故居

作家茅盾（1896—1981），原名沈德鸿。著有多部作品，他的故居位于东城区交道口后圆恩寺胡同13号，这是一座清代老四合院，这里有他的书房、卧室及作品陈列。

茅盾故居（之二）

老舍故居

老舍故居位于东城区灯市口西街丰富胡同19号。作家老舍，原名舒庆春，北京人，他的名著有《四世同堂》《龙须沟》《茶馆》《正红旗下》等。他生前住在这里，人们称其院为“丹柿小院”。该院近年已对外开放。

老舍故居（之一）

老舍故居（之二）

张之洞故居（之一）

张之洞故居（之二）

张之洞故居

该宅在西城区白米斜街路西，是清末洋务派首领张之洞故居。院内建有花厅和老楼，前后院子相连，很有特色。已被定为西城区文物保护单位。

纪晓岚故居中纪氏亲植古藤萝树

纪晓岚故居

位于虎坊桥路口往东，珠市口西大街 241 号。这里的宅院是清乾隆年间《四库全书》的主编纪晓岚先生故居。现院里保留着主人的书房“阅微草堂”。前院的古藤萝、后院的海棠树为纪晓岚亲手所植。今天，这所故居已修缮一新，迎来中外游客参观。

刘墉老宅大门

刘墉老宅

位于东城区礼士胡同 129 号，是清代乾隆年间大臣刘墉的宅第。这是个具有京城古建特色的四进大宅院。其门楼高大，院墙砖雕精美；院内的石兽和影壁、转角木廊很有特色。可谓四合院的精品。已被列为市级文物保护单位。

刘墉故居院内景（之一）

刘墉故居院内景（之二）

刘墉故居院内景（之三）

意园

意园在东城区麻线胡同3号，原是清协办大学士敬徵的宅第。大门坐北朝南，院内现有两株银杏树，花园内有太湖石及屏门，是圆明园遗物。石横额上刻有“春谷”二字，两旁大青条石刻有“泉淙涧底琴音写，峰倚天边画景收”，皆乾隆御笔。进石门后可看到假山及亭台。现此景观已经移建到东四五条胡同。

园内石屏门一景

清末将军凤山宅（李明德 摄）

拱门局部

将军凤山宅

拱门砖雕

这是一座三进四合院，是清末武将凤山的宅院。位于东城区东棉花胡同 15 号。院里的拱门砖雕独具特色，高 4.6 米、宽 3 米，砖雕图案精美、布局严谨、凹凸得当，其做工之细、刀法之精，实属罕见，是清代砖雕艺术中的精品。该宅现为市级文物保护单位。

广亮大门

这座广亮大门门楼，位于东城区安定门内方家胡同路北。是清代循郡王府的一座老宅，并有花园。大门楼的建筑很是壮观。广亮大门属于屋宇式大门，位于宅院的东南角，房檐下左右木雕雀替，大门宽敞、亮堂，很有气派，是典型的广亮大门门楼。

广亮大门

牌坊 碑刻与影壁

国子监 琉璃牌坊

国子监内琉璃牌坊

始建于元大德十年（1306 年）的国子监，院内坐北朝南，是一座壮观的琉璃牌坊。牌坊正面横额为乾隆皇帝御书“圜桥教泽”，背面横额写着“学海节观”。此琉璃牌坊甚是美观，经常有中外游客在这里拍照。

麒麟碑

此碑刻原在东城的麒麟碑胡同路北。宽 2 米、高 1.5 米，上浮雕古老的麒麟图案，画面壮观、刻工技艺高超，乃元代石雕珍品。今天，此碑在鼓楼文物所内收藏，游客走进鼓楼大厅，即可观赏。

麒麟碑（麒麟碑胡同原文物现存鼓楼博物馆）

下马碑

国子监老街下马碑

在今天的国子监街和故宫的东华门外，均保留着清代刻有“官员人等至此下马”汉、满文字的下马碑。这里的照片是位于国子监街孔庙西边的下马碑。

东华门外下马碑

金台夕照碑

这里的《金台夕照》碑，是清乾隆皇帝所题“燕京八景”之一。岁月流逝，该碑已难寻到。近年在北京地铁 10 号线“金台夕照”站附近的财富中心工地挖出了湮没近一个世纪的“御敕”古碑，碑文正是当年乾隆皇帝所题。经专家考证，已重立在财富中心院内。目前，京城中燕京八景碑已齐全，可谓一件喜事。

燕京八景之一金台夕照（遗失百年的碑已找到，重立原位）

雁翅影壁

此影壁位于东城区前永康胡同路南。是目前京城保存最久的、最完整的“雁翅影壁”。其造型呈“冂”形，砖石结构，磨砖对缝，影壁正面边角处均有雕刻图案，此古建至今有着200年的历史。

京城最大的雁翅影壁

铁影壁（李明德 摄）

铁影壁

在京城的德胜门内有条铁影壁胡同，这里有座德胜庵，山门前原有一块近3米长、2米高的黑色火山岩，上面雕刻有狮子戏绣球的图案，画面甚是生动。铁影壁胡同就由此得名。解放前曾有外国人想以重金买这块影壁，被该庙僧人拒绝。1947年此影壁被移至今天的北海公园北岸，这一珍贵文物得以保存。

一字影壁

这是京城胡同里四合院大门前现存较好的“一”字影壁。目前，这种造型的影壁保存完好的已不多。此影壁位于南锣鼓巷的东棉花胡同路南。是砖石合壁的古建筑，上为砖筒瓦，下部有石基座，整体平面为大方砖精磨面砌成，可谓四合院门前的建筑精品，至今保存完好。

南锣鼓巷清代影壁

最长的影壁（位于阜成门内路南）

京城最长的影壁

在北京西城区阜成门内大街路南，历代帝王庙的对面，有一座京城最长的影壁。全长 34 米、高 5.5 米、厚 1.3 米，该古建筑的历史至今有 600 余年。

蓟门烟树碑

此碑立在元大都西土城路北段东侧，西土城的城垣之上。碑身坐北朝南，汉白玉质，碑高3米。“蓟门烟树”四字，为清乾隆皇帝所题。碑的阴面还有乾隆皇帝御诗一首，赞其景观。该碑是“燕京八景”之一。

蓟门烟树碑

西山晴雪碑

该碑位于静宜园香山公园内，自金代就被列为“燕京八景”之一。每当冬季雪后，在这里可以观赏到西山雪景的绮丽，碑上“西山晴雪”是清乾隆十六年（1751 年）乾隆御笔所题。

西山晴雪碑

琼岛春阴碑

琼岛春阴碑

该碑位于北海公园里的山脚下。始建于清乾隆十八年（1753年）正月，阴面刻有乾隆皇帝御诗一首。“琼岛春阴”碑，为“燕京八景”之一。

燕　墩（张泰昌 摄）

燕　墩

位于北京城中轴线最南端，始建于清乾隆年间，是一座高达十丈的方砖高台，上面有乾隆皇帝御制碑，碑面刻有“御制皇都篇”和“御制帝都篇”满汉文字，至今保存完好。

庙与观

孔庙

孔庙在成贤街路北，始建于元代。明永乐年间又重修了大成殿，清乾隆二年（1737 年）皇帝亲谕孔庙使用黄琉璃瓦顶。庙内保存有元、明、清三代进士题名碑。大成门两侧有石鼓 10 个，上刻古诗，是珍贵文物。下图为大成殿。

孔庙大成殿

鼓楼东大街路北黄瓦财神庙 (2008 年拍摄)

黄瓦财神庙

此庙甚小，仅大殿三间。但其特色是黄琉璃瓦，供奉财神。据传，雍正皇帝未登基前，曾路过此庙，对财神许愿，如能得皇位，会重修此庙。后果然如愿，即修缮此庙，换为黄瓦。该庙位于东城区鼓楼东大街路北。

今日火神庙 地安门 (2008 年夏)

火神庙 (之一)

火神庙

位于什刹海畔的火德真君庙，始建于元代，是京城最大的火神庙。院落三进，建有主殿、配殿和壮观的二层藏经楼。经过几百年的风雨，古庙早已破败，成了居民的大院。八十年代，住户搬迁，文物部门对庙中的整体古建进行了全面的修缮，再现了火神庙的全貌。目前，该庙已对外开放，成为鼓楼前的一大景观。此庙是市级文保单位。

火神庙后殿 (2008 年)

火神庙 (之二)

前门清真寺

该寺位于扬威胡同，始建于明初。古建风格独具。清康熙、乾隆时重修，现尚有山门和一座勾连搭屋顶的礼拜殿。院内还保存着阿拉伯文碑，是区级文保单位。

大栅栏地区清真寺

牛街清真寺

该寺位于广安门内牛街。始为辽代入仕的阿拉伯学者纳苏鲁丁创建，是京城最大、历史最为悠久的清真寺。门前古老的牌楼甚是庄严，院内有望月楼，是伊斯兰教寺院中特有的建筑。礼拜殿坐西朝东，面积达600余平方米，可同时容纳近千人做礼拜。礼拜殿后面是主殿，两侧是讲堂。寺内除古建筑外，还保存着清康熙年间的“圣旨”牌匾，以及清道光年制的铜香炉。

大栅栏地区清真寺

法源寺(之一)

法源寺

法源寺位于城南的教子胡同。始建于唐贞观十九年（645年），是京城最古老的寺庙，有着千年以上的历史。门前有大石狮一对，山门对面建有宽大的影壁。院内有钟、鼓二楼，天王殿、大雄宝殿、观音阁等古建保存完好。毗卢殿堂前有巨大石钵，下有双层石座。石钵上雕刻有龙、麒麟、奔马，以及手持器物的人形、佛八宝、海水波浪，图案雕工精美，此石钵至今保存完好，是珍贵文物。净业堂前廊两侧还有明代万历年间的童子拜观音、达摩始祖渡江图的刻石，都是佛教文化艺术珍品。

法源寺(之二)

天宁寺塔

天宁寺塔位于西城区广安门北，始建于北魏孝文帝时期，这里原称光林寺。辽代在庙内建此十三层实心砖塔。通高57.8米，塔基为双层，设有佛龛。上层雕有金刚力士像，威严精美。

天宁寺塔

八里庄玲珑塔

八里庄玲珑塔（慈寿寺）

此塔建于海淀区八里庄慈寿寺。现为街心公园。始建于明万历四年（1576 年），塔高 50 余米，为八角十三层密檐式砖塔。

万寿寺（之一）

万寿寺（之二）（李明德 摄）

万寿寺

万寿寺位于紫竹院西、长河北岸。始建于明代，山门坐北朝南。建筑分为三部分。中路是金刚殿、钟鼓楼、天王殿、大雄宝殿，后有假山和观音、文殊、普贤殿。尤其是后院墙中间的月亮门，和左右各两个六角形透窗，墙与窗口上各有极精美的玲珑剔透的砖雕，可谓寺院中的珍品。该庙西院还建有行宫，因地处长河北岸，这里是清代帝后前往颐和园的必经之路，帝后要到寺中礼佛拈香、休息，然后再登船启行。今天，这里成为北京艺术博物馆，展览明、清两代的工艺品。

须弥座上的石雕

真觉寺（俗称：五塔寺）

位于长河北岸，有座明代永乐年间（1403—1424）始建的真觉寺。寺内有一座金刚宝座塔，在7米高的宝座上耸立着五个造型精美的石塔。中间大塔高10米。从须弥座到宝座顶部，四周刻有佛龛及佛像，石雕技艺高超。宝座的券门内有石阶可达上面的罩亭。今天，这里成为北京石刻博物馆。

造型精美的石塔

白云观

位于西便门外的白云观，始建于元代，是北京最大的道观。院内有钟、鼓二楼和灵官殿，殿内奉祀的王灵官，是道观镇守山门之神。后面建有玉皇殿、七真殿和邱祖殿（奉祀道长邱处机）。后院还有四御殿，是清康熙元年（1662 年）所建，三清阁的建筑很有特色，是两层阁楼。楼上奉祀三清，即道教的三位尊神。后面还有元君殿和文昌阁，以及花园假山等景观。每年春节这里还举办庙会。

白云观

拈花寺山门（张广太　摄）

拈花寺

古刹拈花寺位于西城大石桥胡同路北。该寺始建于明代洪武年间，与东城区方家胡同路北的明代古刹白衣庵山门三间及庙内古建均有其明代特色。尤其是山门三间，门额上的刻石及两边巨大石雕透窗的图案，与整体建筑艺术风格搭配完美。拈花寺山门前还有一座砖石砌的大影壁，至今保留还很完整。拈花寺是京城里难得保存较好的一座老寺院。

石雕窗

广化寺（鼓楼西大街鸦儿胡同路北）

广化寺

该寺位于鼓楼西大街鸦儿胡同路北，建于元代，明、清时曾重修。其山门坐北朝南，庙内钟鼓二楼、天王殿、大雄宝殿及藏经楼保存极完整。庙内还保留明清石碑、书法刻石多处，是市级文物保护单位。

智化寺万佛阁

该庙位于东城区禄米仓胡同5号，始建于明英宗正统九年（1444年）。山门三间，共有五进院落。智化殿明间的天花藻井甚是精美。三层的如来殿又称万佛阁，分上下二层，墙壁遍饰佛龛，供奉佛像9000余个，故楼上檐匾额为“万佛阁”。照片为万佛阁外景。

智化寺万佛阁 (2006年冬 拍摄)

吕祖宫外景（任祈年 摄）

吕祖宫

此道观建于元代，位于元大都的西南角，今复兴门北街路东，是白云观的下院。其建筑分殿堂和楼阁，虽经数百年的风雨，但至今保存完整，成为京城的一处景观。

吕祖宫院内一角

长春寺

该寺位于西城区长春街，是明代万历年间所建。在“文革”中此庙佛像及文物受到破坏。八十年代又进行了全面修缮，现为博物馆，展览宣南文化及京戏中的多项民间艺术、曲艺等。

长春寺宣南文化博物馆（任祈年 摄）

寺内大殿一景

藏经楼

院内雕塑

雍和宫

北新桥往北路东，有一座京城最大的喇嘛庙——雍和宫。

始建于清康熙三十三年(1694年)，是皇帝四子胤禛的府邸。乾隆九年（1744年）将雍和宫正式改作喇嘛庙。寺院建筑布局完整，中路由南往北，依次为昭泰门、天王殿、正殿、永佑殿、法轮殿、万佛阁。主要建筑两侧均有东西配殿，整个寺院雄伟壮观。万佛阁高30米，是座三层的楼阁。在万佛阁中，供奉着一尊木雕巨佛“迈达拉佛”。佛身高18米、直径8米、地下还有8米，共高26米。该佛像由一棵大白檀香树雕成，是雍和宫中的三绝之一。新中国成立后，雍和宫进行过全面的修缮，被公布为第一批全国重点文物保护单位。

雍和宫

万佛阁木佛

玉河庵（地安门东大街路北）

玉河庵

玉河是元代连接通惠河的主要河段，位于地安门东。近年已清理出河道，并修复了玉河庵及东不压桥遗址。庵前还有清嘉庆十三年（1808年）玉河碑，记述了玉河庵与古河道的历史。

白塔寺（妙应寺）

白塔寺（之一）

此塔位于京城阜成门内大街路北。始建于元朝，至今已有千年以上的历史。白塔于至元十六年（1279 年）建成，成为皇家宗教活动和百官习仪的场所。塔高 51 米，属藏式喇嘛教佛塔，由著名的尼泊尔工艺家阿尼哥主持建造，塔身洁白，甚是壮观，人们称这里为白塔寺。

白塔寺（之二）

广福观

西城区烟袋斜街路北的广福观，始建于明代。现保存山门三间，石刻门横额上“广福观”三字至今完好。此庙原是道观，院内有前殿和后殿及东西配殿，并保留着大明天顺年间重修的广福观碑。

广福观（烟袋斜街路北明代道观）

景德崇圣殿

景德崇圣殿

位于阜成门内大街的历代帝王庙，始建于明代。院内的景德崇圣殿是供奉历代皇帝和文臣武将牌位的地方。殿堂庄严宁静，很有气氛。今已全面修缮，并对外开放。

万松老人塔

万松老人塔

此塔位于西四南大街路西砖塔胡同东口。砖塔胡同因建有此塔而得名。该塔是一座密檐八角九层的砖塔，属于金元时期的建筑风格。古塔为纪念万松行秀禅师而立，俗称“万松老人”塔。其所在的砖塔胡同是京城始建于元代的老胡同。

万松老人塔近景（市级重点文物）

西天梵境

西天梵境

此景观位于北海公园北岸，始建于明代，原名大西天禅林，清乾隆年间进行了扩建，改定此名。大慈真如宝殿是西天梵境的主殿，整个建筑木料全部用金丝楠木建造，不加彩绘，故该殿又称“楠木殿”。这里是清代皇室进行祭祀活动的地方。

于谦祠

于谦祠

北京于谦祠位于东城区西裱褙胡同 23 号。原有门匾书“于忠肃公祠”。该祠是为了纪念明正统、景泰年间力挽狂澜的功臣于谦所建。明英宗正统十四年（1449 年），发生“土木之变”，英宗北征瓦剌兵败被俘。于谦以兵部尚书的身份领导北京保卫战，成功挫败了也先军队，使其退出关外。该祠于清光绪年间重建，院内有奎光楼，上层为魁星阁，悬“热血千秋”木匾。2003 年整修，现已对外开放。

西黄寺班禅塔

位于黄寺大街路北的西黄寺博物馆，近日正式对外开放。在很多老北京人的心目中，西黄寺极为神秘。这里的班禅塔甚是壮观，因是清代皇家寺院，数百年来，一直秘不示人。该寺中的重要建筑是清净化城塔，塔高15米，洁白端庄。塔身石雕艺术高超，被称为“京城白塔之冠”。清乾隆四十五年（1780年）六世班禅额尔德尼来京，乾隆皇帝将西黄寺作为他的住所。同年农历十一月初二，六世班禅在西黄寺圆寂。两个月后，乾隆皇帝下旨在这里修建清净化城塔和塔院。

西黄寺班禅塔

普度寺大殿

普度寺大殿

位于南池子大街东侧，普度寺前巷。原为明代重华宫，清初改建为摄政王多尔衮府邸。乾隆四十年（1775 年）重修改名普度寺。现存山门、大殿均建在砖石所砌的高台之上，高台乃明重华宫的基座。

万寿兴隆寺

该寺位于北长街 39 号，原为明代兵仗局佛堂。清康熙二十年（1681 年）重修。清康熙三十九年（1701 年）敕改为万寿兴隆寺。该寺坐西朝东，内有二进殿堂，现可见原貌。

万寿兴隆寺

夕照寺

该寺位于广渠门内夕照寺中街路北。山门前曾有一座大影壁，每逢红日西沉，在夕阳的照射下，影壁上就出现一片红光，夕照寺即由此而得名。明代的民族英雄于谦曾来此寺，正统十年（1448 年）他曾为法师题字。在清乾隆三希堂法帖中留存有原题词。该庙殿中还曾有乾隆四十年（1775 年）画家陈寿山所绘《古松图》及书法家王安昆手书。近年来夕照寺已经进行了修缮，恢复了山门、殿堂原貌。

夕照寺（汪源 摄）

贤良祠

该祠位于西城区地安门西大街甲 103 号，是市级文物保护单位。京师贤良祠是清雍正八年（1730 年）由清世宗颁谕敕建。大门坐北朝南，甚是壮观，院内碑亭东西各一，为黄琉璃瓦六角亭。正殿三间，绿琉璃瓦顶。后殿五间。历朝均有大臣故后批准入祀享祭。

贤良祠

老府第

循郡王府府门

清代王府的府门有三间一启和五间三启两种造型。循郡王府位于安定门方家胡同路北，甚是壮观。这里曾是清乾隆皇帝第三子，循郡王永璋的府邸。府内院落宽阔，种植有百余年的西府海棠及紫玉兰树。

循郡王府（李明德 摄）

顺天府学（之一）

顺天府学

该学府位于东城区府学胡同路北。原为明代的官学，清光绪二十九年（1903 年），称为顺天府高等小学堂，后改为八旗小学堂。院内建有大成殿、明伦堂、魁星阁。今为府学胡同小学。

顺天府学（之二）

总督府

这曾是清代四川总督奎俊的老宅，位于南锣鼓巷中的黑芝麻胡同路北。广亮大门门楼前有一对上下马石，雕刻古朴大方。院内共五进，垂花门与抄手廊很有特色。现为旧宅院，系文物保护单位。

总督府

庆亲王府

庆亲王府

该府位于西城区定阜街3号。这座王府最早是清道光朝大学士琦善的宅第。咸丰初年庆亲王永璘之孙奕劻搬到这里，奕劻曾出任军机大臣并管理外交事务。府内建筑分左、中、右三路，五座并排院落，中部是银安殿和配殿，现保存有绣楼二层，精美壮观。

国子监内辟雍亭

辟雍亭

国子监内的辟雍亭，是清代乾隆皇帝讲学的地方。亭四周环水，优美雅静。辟雍亭前方还建有巨大的琉璃牌坊。

盛夏庭院幽静的一角（刘松年 摄）

院内喷泉一景（李明德 摄）

蒋介石行辕

此院建于东城南锣鼓巷后圆恩寺胡同7号。原是清代庆亲王奕劻的府第。除了正规的四合院之外，还建有一座西洋式二层小楼，还有花园及亭台。抗战胜利后，该宅院成为蒋介石行辕。新中国成立后，这里成为中国共产党华北局所在地。八十年代这里曾是友好宾馆。

涛贝勒府花园(李明德 摄)

涛贝勒府花园

该府位于西城区柳荫街27号，现为区重点文物保护单位。

清宣统皇帝的叔叔载涛承袭贝勒爵位，故称涛贝勒府。图片中的镜头拍摄于该府的花园部分，这里花草茂繁，景色宜人。该花园保存有清代的绣楼、长廊、亭台，是一处闲暇游览的最佳去处。目前，花园保存完好。

涛贝勒府花园亭、假山

段祺瑞执政府旧址

此处是清代的和亲王府，位于东城区张自忠路3号。王府原为康熙皇帝九子允禟贝子所住。府门为五间三启开，雄伟宽阔。门前有石狮子一对，是清代原物。1912年袁世凯曾将这里作为总统府。1924年此地又成为北洋军阀段祺瑞执政府。今天，这里成为中国人民大学清史研究所。

段祺瑞执政府旧址

西城区前门地区状元府老宅院门前一景

状元府

该老宅位于前门大外廊营胡同，原是清代崔姓状元的家宅。是一座三进的四合院，房屋建筑甚是考究，院落较大，在前门地区是个老宅院。新中国成立后这里成为一所幼儿园。

炮 局

位于东城区雍和宫附近的炮局胡同。清末这里成为监狱。抗日期间，爱国将领吉鸿昌就关押在此。新中国成立后，院里还保留着清末民初的建筑。原围墙上的碉堡，至今还保存四座。

现存监狱围墙雕堡一景

老邮局

该邮局历史悠久。位于东琉璃厂延寿寺街口。清末兴起邮政行业，就在此建了这个邮局，该邮局百余年来始终存在，深得附近居民的重视，也是邮电历史的见证。

延寿寺街路北老邮局

恭王府花园湖心亭（李明德 摄）

恭王府湖心亭

清代的恭王府位于西城区的柳荫街。湖心亭是府中的花园部分，又称为水榭。在花园湖中，水面上建有石舫一座，是园主人垂钓之处，园内还建有“邀月”厅、长廊和全木结构的清代大戏楼，宅主人曾多次在此办堂会，京剧名家梅兰芳、程继先等都曾在台上献艺。

和敬公主府内十字廊

位于东城区张自忠路7号。此府是清乾隆皇帝第三女和敬公主的宅第。现保存府门三间，门前大石狮一对。后有三进院落，各殿建筑均为清代风格。其中院建有十字廊子，正中是亭台。为木结构建筑，样式独特，廊子分东西南北方向，与各屋相连接。既是古建中的一景，又为主人提供了方便，在京城府第中，仅此一处。如今保留下的照片可谓珍贵，原十字廊建筑已于九十年代拆除。

和敬公主府内十字廊全貌

雪池冰窖

雪池冰窖

今天，北海公园东门外的雪池胡同内还保留着明、清两代为皇家储存天然冰的冰窖。照片中的雪池胡同残存的黄琉璃瓦顶的老冰窖，至今已有 400 余年的历史。冰窖里建筑完好，还有坡度较大的台阶，老年间每到冬天，用人力拉巨大的冰块存放在窖内，此冰窖直至 1979 年才停止使用。由此往北有个恭俭胡同，这里也保存着清代老冰窖。近年此处成为餐厅，人们到这里用餐时，即可参观老冰窖里的建筑。

北京一中

此中学是一所有着百年以上历史的老校。早期是八旗子弟的官学，现在校内还保留有碑亭，学校西墙还建有原校大门的遗址，甚是庄严大方。历届老校友返校时，均来这里留影，以示对名校的怀念。

百年老校北京一中（摄于 2001 年）

克勤郡王府（李明德 摄）

克勤郡王府

该王府位于西城区新文化街53号，为清顺治初年所建，是克勤郡王岳托的府邸。岳托是开基创业的八位大臣之一，封王后世袭罔替，俗称“铁帽子王”。府门五间三启，院内分中、西、东三路，正路北端有月台，上建正殿五间。东西两侧有翼楼，均为二层。此府现为北京市第二实验小学。

清醇王府

清醇王府

此府位于鼓楼西什刹海北岸，是清康熙年间大学士明珠的宅第。至乾隆时赐予第十一子成亲王永瑆。光绪十四年（1888年），醇亲王奕譞来此居住。府门为五间三启，甚是壮观，院内主殿银安殿为五间，东西各有厢房，其后两院以神殿、佛堂为主。

教堂

东城区灯市口老教堂(又称东堂)

灯市口教堂(东堂)

位于东城区王府井大街74号，坐东朝西。是北京四大天主教堂之一，始建于清顺治十二年(1655年)，本名圣若瑟堂，为葡萄牙人利类思和安文思二位神父创建。近年对教堂进行修复，八十年代已恢复了正常的宗教活动。

西什库教堂（北堂）

该教堂位于西城区西什库大街 33 号，也称北堂。始建于清康熙四十二年（1703 年），在中南海西一个名叫蚕池的地方。光绪十二年（1886 年）移迁到西什库重建。是哥特式建筑，高 16.5 米，钟楼塔尖高约 31 米，堂前左右各建中式黄琉璃瓦亭子，亭内是乾隆题字的石碑。一西一中，巧妙搭配，令人叫绝。

西什库教堂是天主教华北地区的主堂。教堂内的管风琴是北京最好的一座。

西什库教堂（王钊摄）

亚斯立堂

位于崇文门内后沟胡同丁 2 号。始建于清同治七年（1868 年），是基督教美国卫理公会教堂，为纪念其创始人故名。该堂分正、副两堂，中有木板活动隔板墙，当教友多时，推开活动墙板，正、副堂即为一体。正堂可容 500 人，副堂可容 300 人，堂顶为八角形，每边均有玻璃窗。该堂是北京现有最大的基督教教堂。1989 年美国总统布什访华时，曾在此做礼拜。

现亚斯立堂大门、礼拜堂、牧师楼和附属建筑均保存完好。

亚斯立堂外景

宣武门天主堂（张泰昌 摄）

宣武门天主堂

此天主堂坐落在西城区前门西大街 141 号，是北京最古老的天主教堂。明万历三十三年（1605 年）天主教耶稣会传教士意大利人利玛窦创建。始建时规模较小，清顺治七年（1605 年）重建。其大堂是哥特式拱券形建筑，建筑面积约 1300 平方米，大堂正面砖雕精美，祭台和讲经台甚是壮观。

西直门天主堂

位于西城区新街口街道西直门内大街 130 号。天主教圣母圣衣堂是北京天主教四大堂之一。俗称西堂。始建于清雍正元年（1723 年），同治六年（1867 年）重建落成。现教堂内有汉字及拉丁文《改建圣母圣衣堂碑记》。这是个二进院落，至今保存完好。现为西城区文保单位。

西直门天主堂

古迹景观

永定门（张泰昌 摄）

永定门

此城楼位于前门南，是北京城中轴线上的重要建筑标志。始建于明嘉靖二十一年（1553 年），图为 2004 年在原址处重建后远观。

鼓楼(2005 年 11 月摄)

鼓楼击鼓　京城鼓楼上表演清代击鼓

鼓 楼

鼓楼位于京城中轴线的北端。始建于元代至元九年(1272 年)，明永乐年间又重建修缮。楼通高 47 米，分上下两层，全部木结构。楼上设大鼓 25 面，清代每晚击鼓报时，直至民国十二年(1924 年)停止报时。近年鼓楼、钟楼均对外开放，迎来中外游客。每逢节假日，定时有击鼓表演，隆重庄严，吸引了众多的游客。

古老的钟楼(2008 年夏 于奥运会前夕拍摄)

北京的钟楼(刘金城 摄)

钟楼上的大钟(李明德 摄)

钟 楼

钟楼位于京城中轴线的最北端，距鼓楼 100 米。元代这里建有中心阁，明永乐十八年（1420 年）重建钟楼，楼高 47.95 米，呈砖石结构，重檐歇山顶。楼上悬置永乐年所铸巨铜钟一座。钟体高 5.4 米，重 42 吨。夜间报时钟声可传至数里之外。

辅仁大学旧址

该校旧址位于西城区定阜街路北。始建于 1925 年，其校园原为清涛贝勒府。此楼是在府中花园的南边所建的新楼，1930 年建成，正门为三层，四角加歇山式角楼。用中国古建技艺、绿琉璃瓦顶、汉白玉拱门，整体建筑考究而庄重。1951 年人民政府接管辅仁大学。现大学旧址为北京师范大学继续教育学院。该校址是市文物保护单位。

辅仁大学旧址

纪念地宅院大门一景

孙中山逝世纪念地

此宅院位于地安门东大街23号。孙中山（1866—1925），伟大的民主革命先行者和领袖。他提出了“驱除鞑虏、恢复中华、建立民国、平均地权”的革命纲领。1924年12月31日，孙中山扶病抵京，居住在此地。这是一座三进四合院，四周绕以回廊，他住在中院的北房。1925年1月26日孙中山发病住进北京协和医院，诊断为肝癌后期，后又移回此宅。2月24日孙中山在此口授遗嘱。3月12日上午9时逝世，终年59岁。3月19日灵柩移至今中山公园的社稷坛，送丧者达十余万人。4月2日将遗体移至香山碧云寺，现此院有“孙中山先生逝世纪念室”。

师大附中（和平门）

北京师大附中，位于西城区和平门南新华街。始建于 1901 年，是我国成立最早的公立中学，在海内外享有盛誉。建校一百余年来，师大附中为国家输送了大批优秀人才，历届校友中，著名专家学者和各界知名人士达数百人。

和平门师大附中大门

昔日金店

金 店

此店铺位于前门大街路西的廊房头条老胡同里。这是一条历史悠久的以经营珠宝、首饰、玉器为主要生意的特色商业小街。今天游客来到这里，还可以见到老店铺的建筑。照片中拍摄的是民国期间所建的西洋式商店，经营金、银首饰，店门上还保留着“金店”二字，可谓原址遗存。

文丞相祠殿内景

文天祥祠

该祠位于东城区府学胡同 63 号，是为纪念南宋民族英雄文天祥而建立的。始建于明洪武九年（1376 年），俗称文丞相祠。文天祥被元军掳至大都（今北京），在这里的土牢中写下了不朽之作《正气歌》，后被杀害在柴市。现祠堂内刻有《宋文丞相传》及“教忠坊”石刻匾。院内有一棵枣树，为文天祥亲手所植。

文丞相祠（刘松年 摄）

京城水准标遗址

这处京城水平石标，设立于今天的南锣鼓巷主街路西。是民国六年（1917年）市政公所特制刻石，立于该地。据了解当时北京城内立有几十处，但今天仅剩此石标一处，保留完好，实为难得。

北京水准标遗址

北京老火车站

京城火车站

在前门箭楼的东南角，即是原北京老火车站，始建于民国年间。候车大厅及站前广场，其建筑至今保存完好。老火车站已不再使用，今天这里成为铁路博物馆，对外开放。

梨园工会旧址

在京剧史上，清乾隆年间徽班进京，形成空前盛况。京戏演员称为梨园行。清末至民国期间，成立了“梨园行会”。位于樱桃斜街的这座老四合院，就是历史上行会的旧址。原就有京戏演员名人在这里议事、办公。今天该院大门的门簪上还留存“梨园永固”四个字。

《梨园公会》旧址，门簪上木雕四字“梨园永固”

京师图书馆遗址

这是清末京城第一家图书馆，始建于东城区方家胡同路北。该图书馆曾藏大量经、史、子、集书籍，是京城的“书山”“学海”。原“京师图书馆”大门于八十年代被毁，现图片拍摄的是原貌。

京师图书馆

黔之会馆（蔡锷与小凤仙的传奇发生在此）

黔之会馆

此会馆位于樱桃斜街路北，始建于清乾隆年间，至今已有 200 余年历史。中式木楼典雅别致，古朴而独特。楼内是天井庭院，廊檐环绕，上下两层。清代科考举子曾住这里。民国时的蔡锷将军曾住此会馆，在这里与小凤仙有过一段佳话。新中国成立后，叶剑英元帅来此处视察，使古建得以保存。

湖广会馆大门（李明德 摄）

湖广会馆

位于虎坊桥西南角的湖广会馆大戏楼，始建于清代，这是座双层木制古戏楼，梨园名家都曾在此舞台献艺。民国时孙中山先生北上，曾在这里的台上进行过演讲。院内有一古井，名为“子午井”，相传每天中午 12 时至 13 时，该井的水最甜。现在这里是北京戏曲博物馆。

湖广会馆戏楼的舞台

南新仓夜景（东直门内）

古粮仓

照片中的古粮仓，是明朝所建。位于东四十条 22 号。粮仓采用高大宽阔的砖木建筑，用于贮粮，以备荒年赈济之需，至今还保存几座，已改为仓库或文化演出场地。

（陈连生 摄）

袁崇焕墓

袁崇焕是明朝末年著名军事家、爱国将领，官至兵部尚书。曾守卫辽东，抗击后金，并取得京城保卫战的胜利。他的墓园在崇文区北京第五十九中学校园内，已修缮完好，并建有祠堂。现已对外开放。

袁崇焕祠（陈连生 摄）

承光殿（李明德 摄）

团 城

团城紧临北海公园，始建于金大定三年（1163 年）。上面建有承光殿，此殿是明代遗物，在清康熙年间又修复，殿中佛像高 1.6 米，白玉雕成，可谓珍品。殿前有玉瓮亭，内放玉瓮重达 3.5 吨，是元代遗物，清乾隆十年（1745 年）移至这里。

北平图书馆旧址

该馆位于西城区文津街7号。北平图书馆前身为京师图书馆。清宣统皇帝御批兴建，1912年8月开馆。大门建筑很有特色，为殿宇式的琉璃瓦顶。门前一对石狮来自圆明园的长春园。现在馆内建筑完整。五十年代更名为北京图书馆。

北平图书馆旧址

北大红楼

北大红楼

北大红楼位于五四大街29号。始建于1916年，落成于1918年。其前身为北京大学第一院。因建筑主体为红砖、红瓦，故称“北大红楼”，它是新文化运动的大本营、五四运动的策源地和中国共产党早期活动基地。近年红楼一层复原了李大钊工作过的图书馆主任室和毛泽东工作过的第二阅览室。并考证布置了学生大教室、新潮社址、校长室等。2002年起正式对外开放。

鲁迅中学

鲁迅中学

位于西城区新文化街45号的鲁迅中学，原为北京女子师范学堂。1926年3月18日女师大学生为抗议日军炮击大沽口的侵略行径，上街示威游行，到铁狮子胡同段祺瑞执政府门前时，遭到反动军警枪击，死伤二百多人。刘和珍、杨德群牺牲。鲁迅先生特撰写《纪念刘和珍君》一文，抨击“三一八”惨案。该校院内立有“三一八”烈士刘和珍、杨德群纪念碑。

京师大学堂遗址

位于东城区沙滩后街 55 号和 59 号。原址为乾隆皇帝的第四女儿和嘉公主的府邸。光绪二十四年（1898 年）开办京师大学堂。1912 年改名北京大学，严复任校长。1917 年蔡元培任校长，首先在全国招收了女生。现遗址上保存着古代殿宇及教学楼。

京师大学堂遗址

四面钟

此景位于北纬路东口天桥市民文化广场，原来建有钟楼。这是一座四面都有时钟的钟塔建筑，风格独特。六十年代此建筑损坏。2005 年按照原建筑进行了重建，使此景观得以重现。

四面钟（张泰昌 摄）

天桥

此桥位于天坛西北，皇帝祭天时必经此桥，故称天桥。1929 年因有轨电车行驶不便，后将桥身修平，至 1934 年石栏杆也拆除了。2012 年在原址基础上向南移 40 米重建新的汉白玉拱桥，结束了天桥有名无桥的历史。

天桥石碑

新建天桥

阳平会馆

位于前门外小江胡同。阳平会馆始建于明代，院内戏楼建于 1652 年。是世界上仅存的木构架古代室内剧场，可谓国宝级的古建筑。舞台为伸出式，三面敞开，戏楼前三面各有双层看楼，挂有匾额“醒世铎”，是明代书法家王铎所书。

阳平会馆（汪源 摄）

索家花园（绮园）

这座花园位于交道口南秦老胡同35号，原为清代内务府总管索家老宅的花园部分。名为“绮园”，院内有假山、亭、桥，还有一处仿江南园林的建筑——船形敞轩。其宅院如意门门楼砖雕图案丰富，刻工精美，至今保存完好。

如意门精美砖雕（李海川 摄）

观音院过街楼

这座位于原宣武区儒福里的过街楼，始建于清道光十年（1831 年）。建筑很是独特，这个过街楼将原观音院东西两部分连在一起，街道从楼下的拱券门洞中穿行。在门洞上南北两面镶刻着“觉岸”“金绳”的石额。此过街楼可称是今天过街天桥的鼻祖，后由于旧城改造的需要，已拆除。

过街楼（俗称观音院过街楼 韩树荣 摄）

正乙祠戏楼

该楼在前门西河沿路南。原是清代古寺“正乙祠”，后为银号会馆。戏楼坐南朝北，其旁三面设有环拱，形成四方天井。戏台不大，其名气不小。京剧名家梅兰芳、言菊朋，都曾在此演出。今天正乙祠已全面修缮，每周末均有京剧或昆曲演员在此献艺。

西河沿街的正乙祠古戏楼

正乙祠戏楼演出京剧《贵妃醉酒》

可 园

可园位于南锣鼓巷帽儿胡同路北。是清代大学士文煜旧宅中的花园，可谓京城里的名园。经过弯曲小径，可达假山，院内有亭、桥和流水。山洞上刻有“幽径”二字。太湖石旁有石碑一座，玉石上刻有“可园”二字。园内四季花草丛生，种有名贵古树，现为市级文物保护单位。

可园之夏

园内景（之一）

园内景（之二）

遮荫侯

遮荫侯

此松树生长在团城的承光殿东侧，相传为金大定年间所植。至今已有 800 余年，树高 20 余米、周长达 3.18 米。树干挺拔，枝叶繁茂，树冠像一把巨伞。清乾隆皇帝曾在此树下休息，清风徐来，顿感暑汗全消。皇帝封此树为遮荫侯。

鑫园客栈

这处客栈位于烟袋斜街路北，是有着百年历史的鑫园浴池。大门口有副对联：清泉沐浴精神爽，甘露润体气芬芳。浴室内有不同温度的水池，顾客在这儿洗澡还可以喝茶、搓澡、修脚。每天来这里的顾客很多。九十年代初，这里改为旅馆，老浴池保持原貌。工作人员服务热情，得到游客的好评。

老鑫园浴池 (2008 年夏摄于烟袋斜街)

广德楼小剧场

小戏楼始建于清末，位于大栅栏街西口内路北。早年京剧界的名家都曾在此登台献艺。20 世纪五十年代，改名为前门小剧场。专门演出曲剧和曲艺，周恩来总理曾步行来此剧场，观看了曲剧《杨乃武与小白菜》。九十年代该剧场又进行了翻建，恢复了广德楼的老名字，现在这里每晚都有相声和曲艺演出。

广德楼

白大成家庭艺术馆

白大成家庭艺术馆

京城非遗传人白大成先生，制作传统鬃人，以京剧人物为主，放在铜盘中，表演起来甚是精彩，称为“盘中戏”。白先生的家位于西城区东官房胡同内，是西城区首家家庭艺术馆。其“盘中戏”受到国内外朋友的欢迎和喜爱。

鬃人盘中戏

上马石

在京城的老胡同里，清代官宦之家的广亮大门门楼前还能见到成对上马石。虽经百年风雨，至今还保留完好。上马石规格也有大、小之分，有的在正面和侧面雕有精美的浮雕图案，可谓是文物活化石。东城区府学胡同里一处明代老宅，还存留着一对雕刻着骏马和行云的明代上马石。因位于院墙内，至今保存完整，可谓上马石中的一对珍品。

上马石之一

上马石之二

拴马桩之一

拴马桩之二

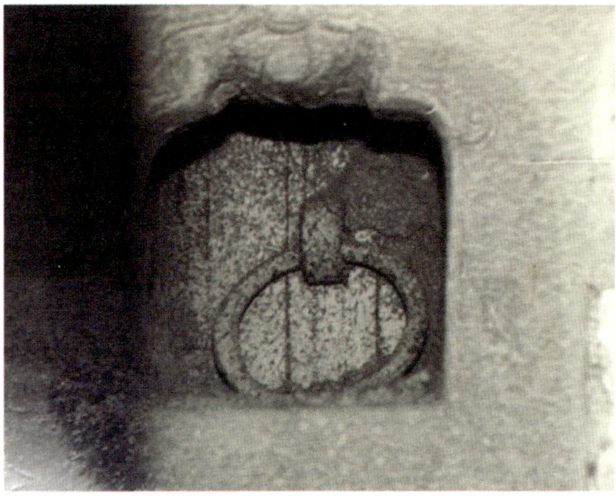

拴马桩

拴马桩位于清代官宦之家的宅院门楼左右的倒座儿房上，均砌有三或六个“拴马桩”，其式样是外周用石雕方洞，洞内的木桩上装有铁环，即是拴马桩。主人下马后，将马缰绳系在此铁环上。如今，老胡同内还可以找到的，已经是难得的文物了。此照片拍摄于东城区的东四四条胡同内路北。

人民剧场

该剧场位于西城区护国寺大街路南。人民剧场与中国京剧院都成立于 1955 年。剧场 5 月 4 日开幕，当晚演出大轴为《穆柯寨》，梅兰芳扮演穆桂英。几十年来诸多名剧“穆桂英挂帅”“赤壁之战”“杨门女将”“西厢记”“闹天宫”等均在此首演。

人民剧场

一对珍贵的明代铁狮子（之一）

一对珍贵的明代铁狮子（之二）

一对铸造精美的明代铁狮子

在北京东城区有一条老胡同，称为铁狮子胡同。明朝崇祯皇帝的重臣田畹的府第就在这里，原府门前有一对铁铸狮子，造型精美。几百年来，此胡同因铁狮子而得名。经调查，这对铁狮子现珍藏在大钟寺博物馆。

老字号

同仁堂

同仁堂

位于前门大栅栏街的同仁堂老药店，在京城有着 300 年的历史。创建于清康熙四十一年(1702年)。因由乐姓人家经营，百姓们称其为“乐家老药铺”。该店曾为清皇室制御药，声誉大振，是国药行业中历史最悠久，信誉最佳，驰名中外的老店。

瑞蚨祥

该店位于大栅栏街路北，是专营绸缎、布匹的百年老店。它以货真价实、礼貌待客闻名全城。“文革”期间，瑞蚨祥的匾额被摘掉，改名“荣昌号”。改革开放以后，“瑞蚨祥绸布店”的老牌匾又挂出来，货品更为丰富，每日迎接着大量国内外的宾客。

瑞蚨祥

张一元

位于大栅栏街的张一元茶叶店，创建于清光绪三十四年（1908 年），是安徽人张昌翼在京城所立的店铺，此店所售的花茶最受京城百姓欢迎。近年，建有一座新茶楼，位于天桥万明路。雇客可以在此品茗，每周双休日还有相声专场演出，“德云社”的相声名角在此献艺。

张一元

六必居

六必居

位于大栅栏东口粮食店街的六必居，始建于明嘉庆年间。该店产的酱菜香甜味美，价钱经济实惠，至今已有 400 年的历史，这里的酱菜已成为旅京客人携带赠送亲朋的佳品。

谦祥益

该店位于前门箭楼的西侧，以经营绸缎纱罗、皮货为主。是京城著名的八大祥店铺中最早的一个，始建于清道光十年（1830年），至今已有一百八十余年的历史。老店建筑仍表现出清代古建的式样，大门前两侧各有独立的圆柱。历经百年风雨，整体建筑完美，独具特色。

谦祥益

德寿堂（张泰昌 摄）

德寿堂

位于珠市口西大街175号，药店始建于民国二十三年（1934年）。铺面房顶建有钟楼，二层楼造型美观。其老店主要经营汤剂饮片、丸散膏丹。20世纪30年代自创的“康氏牛黄解毒丸”享誉京城。

都一处

京城知名的老字号，位于前门外大街路东。清乾隆十七年(1752年）年三十夜，有三位客人来至酒店，身份为一主二仆。文人模样的人喝着酒，吃着可口的菜，问道：“你们的店叫什么名字？”伙计答：“小酒店还没名字。”“这么晚了京城只有你们一处吧？”客人接着说，“就叫都一处吧。”此事过了月余，忽然有一天，一队太监给送来一块写着“都一处”的虎头匾，原来那天来店的是乾隆皇帝。从此全城尽人皆知“都一处”了。

都一处

护国寺小吃总店

护国寺小吃店

该店位于护国寺街 93 号，是护国寺清真小吃总店。始建于 1956 年，专门制售各种传统京味清真小吃。许多中外游客均以能品尝到“国宴四宝”为荣耀。小吃品种多样：艾窝窝、驴打滚、豌豆黄、萨其马、面茶、豆汁、茶汤……京味小吃齐全，深受顾客欢迎。

庆云楼

庆云楼

庆云楼是北京最早的高端鲁菜酒楼，始建于清道光年间（1820年），坐落于烟袋斜街附近。距燕京八景之一的“银锭观山”仅一步之遥。曾是昔日诗酒流连之地。当年的瑞亲王、恭亲王、庆亲王均是这里的常客。作为京城八大楼之最，庆云楼距今已经有200多年历史了。来此楼就餐，观望窗外钟鼓楼和什刹海，可谓最佳之处。